CONSIDÉRATIONS

Sur l'article 7

DE LA CONSTITUTION D'HAÏTI

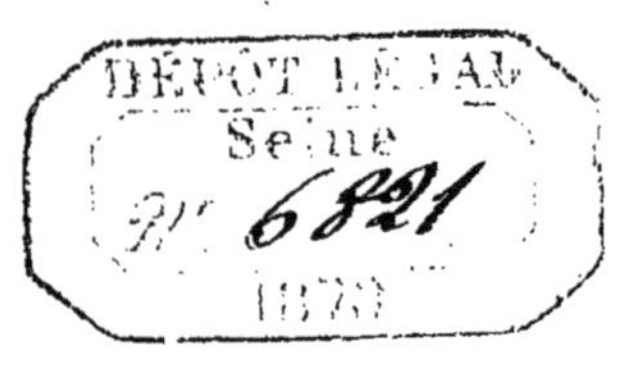

Paris. — Imprimé chez Alcan-Lévy
61, *rue de Lafayette*

CONSIDÉRATIONS

Sur l'article 7

DE LA

CONSTITUTION D'HAÏTI

PAR

M. ALEXANDRE DELVA

Caveant consules !

PARIS
LIBRAIRIE GÉNÉRALE
DÉPOT CENTRAL DES ÉDITEURS
72, BOULEVARD HAUSSMANN, 72

1873

CONSIDÉRATIONS

Sur l'article 7

DE LA CONSTITUTION D'HAÏTI

I

Un des problèmes qui intéressent le plus intimement l'avenir de la République d'Haïti se résume dans la proposition suivante : « Les étrangers, ou pour mieux dire les *blancs*, doivent-ils jouir dans ce pays du droit de propriété immobilière ? »

Après une lutte héroïque engagée pour la revendication de la liberté ; après des épreuves et des souffrances terribles, nos pères s'affranchirent de l'esclavage et du joug de la domination étrangère. Les esclaves de la veille, devenus maîtres absolus de leurs destinées, se constituèrent à la face du Ciel en Etat libre et indépendant. La réaction contre le régime colonial fut d'autant plus forte que la pression avait été plus tyrannique : les vaincus subirent la loi inexorable des vainqueurs ; et, comme le meilleur moyen d'assurer le triomphe du principe de l'Indépendance était de faire disparaître dans le présent et dans l'avenir les moindres traces du honteux système de l'esclavage, nos pères inscrivirent dans l'article 7 de la Constitution du nouvel Etat une disposition par laquelle il fut interdit aux *blancs* de pouvoir jamais acquérir des immeubles sur le sol d'Haïti. Cette disposition enlevait ainsi tous prétextes à l'immixtion des blancs dans les affaires intérieures du pays, et fermait la voie au retour possible de l'esclavage.

En envisageant cette mesure au point de vue du moment où elle a été édictée, au point de vue des circonstances qui l'ont motivée, l'on arrive à reconnaître que deux sentiments de haute considération ont présidé à l'adoption de cette disposition législative. D'abord, le sentiment de la haine, excitée par le souvenir des atrocités du système colonial, et le désir de consigner cette haine dans le domaine des faits, pour mieux l'affirmer ; ensuite, le sentiment d'une prudence bien réfléchie. Pouvait-on, en effet, permettre aux blancs de venir s'établir de nouveau, *à titre de propriétaires*, sur un sol encore tiède du sang répandu pour les en chasser ? Le faire, n'eût-ce pas été compromettre la victoire remportée la veille ? On peut donc avancer que nos pères ne pouvaient pas agir autrement qu'ils n'ont agi ; que la mesure à laquelle ils se sont arrêtés était commandée par la logique même de la situation.

Soixante-dix années se sont écoulées depuis notre indépendance, et les différents gouvernements qui se sont succédé en Haïti ont conservé la prohibition consignée dans l'article 7 de la Constitution de 1804.

L'opinion publique s'est même, si je puis m'exprimer ainsi, identifiée à l'idée de l'exclusion ; et tout le monde s'accorde à considérer l'article 7 comme *l'arche sainte* de nos libertés publiques. De 1804 à nos jours, les conditions des milieux ont changé ; et cependant cette opinion semble se perpétuer. Je pense qu'il y a lieu d'inviter les esprits à s'éclairer, par la discussion, sur la valeur d'une idée qui, à mon sens, s'appuie aujourd'hui plus sur l'erreur et la routine que sur la saine raison.

A voir cette apparence d'un accord général de l'opinion publique, il semblerait que ce dût être pour moi un motif de m'abstenir de tout examen et de toute critique de l'article 7. Mais l'homme qui croit pouvoir être utile à ses semblables dans la recherche et la démonstration de la vérité, ne se laisse pas intimider par la difficulté ou par la délicatesse d'une proposition dans l'étude de laquelle il s'attend à trouver bon nombre de contradicteurs. Il doit rester ferme, faire face aux contradicteurs, voire même aux détracteurs, en pensant, pour la consolation de sa conscience, que ceux-là, éclairés un jour par la lumière de cette même vérité qu'ils cherchent à tenir sous le boisseau, seront les premiers à rendre justice à celui qui l'aura fait reluire à leurs yeux.

II

Avant d'examiner quels sont les avantages et les inconvénients, dans l'état actuel de la civilisation universelle, de la prohibition consignée dans l'art. 7, il est bon de jeter un coup d'œil rétrospectif sur les diverses phases de la grande révolution qui s'est faite dans les idées du siècle relativement au principe de l'esclavage. Ne perdons pas de vue que c'est surtout contre ce principe que l'art. 7 de la Constitution d'Haïti a été édicté. En suivant les diverses évolutions parcourues par l'idée de l'Emancipation, nous arriverons forcément à conclure que la prohibition de l'art. 7 a perdu de son importance au fur et à mesure que le principe de l'esclavage a été circonscrit dans son application.

Cette institution, battue en brèche par les publicistes et les philanthropes, a été successivement abolie dans les colonies appartenant aux différents Etats européens. L'Angleterre, la France, le Danemark ont prononcé tour à tour l'émancipation. Les Etats Unis de l'Amérique, qui semblaient devoir conserver le plus longtemps cet odieux système, ont compris plus tôt qu'il n'était permis de l'espérer, qu'ils devaient se mettre à la hauteur des idées du dix-neuvième siècle, et ont prononcé l'émancipation des esclaves. — Le Brésil vient de la décréter. — Aujourd'hui il n'y a plus que l'Espagne qui conserve des possessions à esclaves : mais il n'est pas douteux que, dans un avenir très prochain, sous la pression des idées libérales du siècle ou du fer de ses esclaves, l'Espagne n'efface de son code cette abominable exploitation de l'homme par l'homme.

Puisque l'art. 7 de la Constitution n'a été rédigé que dans le but d'empêcher le retour de l'esclavage en Haïti, ne devions-nous pas, au fur et à mesure que les différents Etats étrangers abolissaient l'esclavage et témoignaient par là de leur sollicitude pour notre race. ne devions-nous pas, dis-je, pour être logiques, abattre notre défiance contre les blancs? — Quel danger aurions-nous couru d'accorder le droit de propriété aux Anglais, aux Français, aux Danois, aux Américains, au fur et à mesure que ces peuples effaçaient à nos yeux la seule cause sérieuse qui nous les rendît redoutables? — Nous aurions continué, par contre, à conserver notre défiance contre l'Espagne, parce qu'elle ne s'est pas encore réhabilitée à nos yeux, et qu'il y aurait danger à faire participer ses nationaux à un avantage dont ils pourraient abuser à notre détriment. Le jour où l'Espagne abolira l'esclavage dans ses colonies, il n'y aura plus de raison d'interdire aux Espagnols cette jouissance du droit de propriété.

Personne, en Haïti, dans la classe éclairée de la société, ne peut mettre en doute que l'art. 7 n'ait été, dans l'esprit des législateurs, celui que je viens d'énoncer. Mais quelques meneurs sont parvenus à égarer l'opinion sur la véritable portée de l'art. 7, et ont abusé de l'ignorance et de la crédulité publiques en lui fournissant une interprétation de ce même article basée sur des considérations au fond desquelles nous arriverons à découvrir le calcul intéressé et la mauvaise foi.

Cette tactique a commencé depuis la Révolution de 1843 : l'explication donnée de l'article 7 a fait fortune, comme il arrive souvent quand il sagit de mauvaises choses, et aujourd'hui elle est généralement accueillie.

D'après ces meneurs, Dessalines aurait formulé l'article 7 contre les blancs, non pas tant parce qu'ils étaient hostiles à notre indépendance, que *parce qu'ils étaient blancs*; on rapetisse ainsi la question, et on la ramène à un point d'épiderme. — On complète l'explication en disant que si le droit de propriété était jamais accordé aux blancs en Haïti, ceux-ci rétabliraient l'esclavage : qu'ils se rendraient maîtres des principales propriétés rurales et urbaines, et que pouvant disposer de plus de moyens d'action que les indigènes, ils arriveraient insensiblement à se constituer les maîtres du pays.

III

Repassons, pour les analyser, ces diverses allégations :

Dire 1° que Dessalines ne voulait pas des blancs parce qu'ils étaient *blancs* d'épiderme, c'est mettre au cœur de ce grand patriote un sentiment bien mesquin; il a d'ailleurs prouvé qu'il ne sacrifiait pas à un tel préjugé, puisqu'il a admis aux droits d'Haïtiens des *blancs* dont la philanthropie et les bons sentiments à l'égard de Saint-Domingue lui étaient connus. Je vais plus loin, et je dis qu'en admettant même, par l'absurde, qu'un préjugé si bas pût vivre dans une âme si grande, ce préjugé pouvait trouver une explication en 1804, au lendemain de la victoire, alors que les Haïtiens se sentaient encore le cœur enflammé de ressentiment contre les vexations du préjugé colonial. — Mais vouloir perpétuer cette pensée jusqu'en 1873, après tous les événements qui se sont accomplis de 1804 à nos jours, et après les enseignements que nous sommes censés en avoir recueillis, c'est se mettre sciemment et de parti pris hors la loi du bon sens et de la civilisation.

Au second point tendant à dire que les blancs rétabliront l'esclavage en Haïti, il n'y a aucune réponse à faire : il suffit d'énoncer ce point, pour que chaque homme pensant en sente l'absurdité. Mais ceux qui emploient ce moyen de propagande savent bien qu'il produit son effet sur les masses, et ils ne demandent pas davantage. Ils se garderont bien d'énoncer une telle idée devant un homme d'esprit qu'ils ne sauraient tromper ; mais la terreur est sainte sur l'âme des populations naïves des villes et des campagnes qui, ne sachant pas si les Français, les Anglais, les Américains, etc., ont prononcé ou non l'émancipation, ne voient que la probabilité de l'esclavage avec des *blancs* qui ont donné le fouet à leurs père et mère et qui sont susceptibles, *parce que blancs*, de leur en faire autant.

Ce genre d'interprétation de l'art. 7 est exploité principalement quand il s'agit de discréditer un gouvernement établi. Ce gouvernement s'avise-t-il, dans l'intérêt de la civilisation, de laisser voir qu'il ne serait pas éloigné de demander aux Chambres une modification de l'art. 7, vite les faiseurs sont debout : astucieusement ils insinuent dans les masses que le gouvernement veut *vendre le pays aux blancs*. C'est un mot magique !.. Vendre le pays aux blancs équivaut pour les masses au rétablissement de l'esclavage. Ces masses murmurent ; le gouvernement est obligé de tenir compte de ces murmures, il remet son projet aux cartons et les droits de la civilisation sont frustrés. Sachons rendre justice à qui la mérite, qu'il soit notre ami ou notre ennemi ! Le gouvernement de l'ex-président Geffrard a, en maintes circonstances, cherché à faire modifier l'art. 7. Les vrais patriotes, ceux qui font passer l'intérêt du pays avant des considérations mesquines de parti, ont applaudi à cette initiative ; mais comme ils constituent une très faible minorité, leurs vœux ont été bien vite couverts par le concert de criailleries des personnes intéressées à chanter en chœur (doux refrain !) que le gouvernement voulait vendre le pays aux blancs. Le gouvernement était discrédité dans les masses : l'effet voulu était atteint. Hommes de mauvaise foi, quand donc cesserez-vous d'employer ces moyens odieux! Quand cesserez-vous de travailler ainsi au malheur du pays, en caressant les erreurs des masses au lieu de les éclairer!.. Quoi qu'il en soit, le gouvernement déchu arriva à faire changer les termes de l'art. 7 de la Constitution de 1804, et les mots : «*Aucun blanc ne peut être propriétaire en Haïti*, » furent changés par cet euphémisme : « *Nul ne peut être propriétaire de biens fonciers en Haïti, s'il n'est Haïtien.* » Comme la qualité d'Haïtien appartient limitativement : 1° aux individus nés en Haïti ou en pays étranger d'un Haïtien ou d'une Haïtienne ; 2° aux Africains ou Indiens et leurs descendants ; il s'ensuit que les hommes de la race blanche ne peuvent devenir Haïtiens, partant ne peuvent acquérir des biens fonciers en Haïti. On a senti ce qu'il y avait de choquant pour la civilisation dans une exclusion qui se basait, en apparence, sur une question d'épiderme, et l'on a donné la nationalité pour raison et pour terme à cette exclusion. C'est toujours un pas de fait!

Les blancs, nous dit-on en troisième lieu, s'ils avaient le droit de propriété en Haïti, se rendraient maîtres des principales propriétés rurales et urbaines, et arriveraient insensiblement à se constituer les maîtres du pays. Cette objection est la plus sérieuse, parce qu'elle est la moins passionnée ; mais, pour être sérieuse en la forme, elle ne l'est pas au fond ; et je vais le prouver.

En pratique, les étrangers arrivent, malgré la prohibition de l'article 7, à acquérir des propriétés soit au nom des femmes haïtiennes qu'ils épousent, soit au nom de personnes tierces : pour contourner l'article 7, ils prennent hypothèque sur les propriétés ainsi achetées. Leurs noms ne figurent pas comme acheteurs, c'est vrai; mais pouvez-vous empêcher qu'en fait ils ne soient de véritables propriétaires? Qu'une contestation survienne au sujet des susdites propriétés, leur interdirez-vous le droit de se prévaloir de leur titre hypothécaire? En usant donc de ce biais, ils peuvent faire ce que vous redoutez, c'est-à-dire se rendre maîtres des principales propriétés rurales et urbaines. M. O. Cutts, blanc américain, qui a acheté par les moyens ci-dessus indiqués l'habitation sucrière Lasserre, dans la plaine du Cul-de-Sac, a fait sur cette propriété des établissements d'exploitation d'une importance qu'aucun Haïtien n'a jusqu'ici songé à donner à la sienne. M. Cutts fait-il du bien ou du mal au pays, quand, au lieu d'aller jouir en Amérique de la fortune qu'il a amassée en Haïti, il la place dans des établissements qui fournissent du travail à bon nombre de pères de famille haïtiens, rehaussent l'exploitation rurale haïtienne? Nous fait-il du bien ou du mal en employant les capitaux gagnés en Haïti à établir en Haïti une raffinerie qui nous donnera à meilleur marché le sucre que nous importons de l'étranger, tandis que nous avons sous la main tout ce qu'il faut pour le produire à bon marché... et chez nous?

Les étrangers qui ont acheté des propriétés.... je me trompe... qui ont *acquis un droit d'hypothèque* sur des propriétés urbaines, font-ils du bien ou du mal au pays en élevant sur ces propriétés de belles bâtisses à l'épreuve du feu, qui procurent à nos cités l'agréable et l'utile? L'agréable par le coup-d'œil; l'utile par les droits versés à la caisse publique ou communale, par la sûreté donnée aux familles contre l'incendie, fléau si fréquent en Haïti.

Est-ce parce qu'ils savent faire un si bon usage de la propriété immobilière que nous devons leur en interdire le droit? Ce serait vraiment par trop absurde! Je pose cette question à dessein, parce que, comme nous le verrons plus loin, elle a un sens... quoique absurde pour l'homme qui réfléchit.

On dit de plus que les étrangers se constitueront insensiblement les maîtres du pays... au moral s'entend. Déjà, ajoute-t-on, ils jouissent d'une grande influence; que sera-ce si on leur accorde le droit de propriété? Mais cette influence dont ils jouissent, qui la leur a donnée? N'est-ce pas nous autres Haïtiens? Dès que des questions politiques nous divisent et mettent notre existence en péril, ne nous voit-on pas invoquer la protection des étrangers? N'est-ce pas nous qui avons établi à leur profit cette autorité morale dont nous nous plaignons... jusqu'au jour où nous l'invoquons? Sous Pétion, sous Boyer, les Haïtiens *protégeaient les blancs*: depuis 1843, les rôles ont changé; nous avons tellement mêlé les étrangers à nos affaires que nous les avons autorisés à nous faire sentir l'utilité de l'influence qu'ils ont acquise. Est-ce à dire qu'en faisant disparaître l'article 7, nous augmenterons encore leur influence? Je serais disposé à croire le contraire. En effet, à part quelques exceptions d'étrangers estimables aimant Haïti par reconnaissance pour le bien qu'ils y trouvent, la majorité des étrangers qui arrivent en Haïti se compose d'aventuriers qui n'y viennent que dans un but : s'enrichir le plus tôt possible et retourner dans leur pays pour y jouir de leur fortune. Pour atteindre ce but, ils emploient tous les moyens, et particulièrement cette influence dont nous venons de parler. Pour l'exercer, il leur faut des occasions : ils ne se font aucun scrupule d'en provoquer; ils poussent sans en avoir l'air un parti contre l'autre, tout en ayant soin de se faire bien venir de l'un et de l'autre: lorsque l'eau est bien troublée, ils jettent leurs hameçons. Pendant que nous nous déchirons entre nous, pendant que les intérêts des indigènes souffrent, ils se rendent utiles et exploitent la situation. Aucun lien n'attache l'étranger au pays; que lui importe donc qu'il soit mis sens dessus dessous! Le jour, au contraire, où il aura des biens au soleil, comme on dit vulgairement; le jour où il verra s'ouvrir devant lui un chemin plus facile pour arriver à la fortune, il deviendra conservateur : Il saura ce que valent la paix, l'ordre, la tranquillité; et, au lieu d'attiser un feu qui menacerait de brûler son propre bien, il vous aidera de toutes ses forces à l'éteindre. L'intérêt, dit-on, est la mesure de l'action: sachons profiter du dicton.

En disant que les étrangers se rendront maîtres d'Haïti, veut-on dire qu'ils prépareront la voie à l'occupation de l'île par l'une ou l'autre des nations auxquelles ils appartiennent? Eh quoi!

pensez-vous que *parce que* vous aurez accordé chez vous le droit de propriété à des Français, à des Anglais, à des Américains, etc., la France, l'Angleterre, les Etats-Unis songeront à s'emparer d'Haïti ? Mais ces gouvernements n'ont que faire pour cela que vous donniez ou refusiez à leurs nationaux le droit de propriété. Le droit de la force s'exerce indépendamment de ces considérations. Si ces nations avaient l'intention de s'emparer d'Haïti, elles n'hésiteraient pas à débarquer sous un prétexte quelconque, bon ou mauvais, une armée sur notre territoire. Les agneaux, hélas ! n'ont pas besoin de donner droit de gîte aux loups pour que ceux-ci les dévorent. Mais (sans m'aventurer à avancer la même affirmation pour les Etats-Unis), je crois pouvoir dire que la France et l'Angleterre se soucieraient bien peu d'une prise de possession d'Haïti. Ces deux pays savent par expérience ce que coûtent les colonies, et principalement Haïti.

La France, l'Angleterre, les Etats-Unis ont-ils jamais songé à s'emparer de la partie espagnole d'Haïti *parce que* leurs nationaux ont joui dans ce pays du droit de propriété immobilière ? Ils en ont joui et continuent à en jouir sans danger pour l'autonomie de la partie de l'Est.

J'ai fait une réserve pour les Etats-Unis, et je m'explique. Evidemment, les Américains jettent des yeux de convoitise sur Haïti. En m'abstenant, pour le moment, d'invoquer à l'appui de mon dire des preuves malheureusement trop concluantes, je veux donner des vues des Etats-Unis une preuve insignifiante en apparence, mais d'une portée sérieuse qui n'échappera pas aux esprits réfléchis. Sachant que le sentiment général de la population d'Haïti est antipathique au Yankee, en raison des préjugés de couleur qui existent chez eux malgré l'abolition de l'esclavage, et en raison de leur politique annexionniste qu'ils ne dissimulent pas assez, les Américains ont imaginé d'opérer dans l'opinion publique un revirement en leur faveur, et ils prennent l'Haïtien par son côté faible, par ses intérêts politiques. Ils caressent le penchant malheureux des Haïtiens pour les révolutions, et se montrent empressés à fournir au camp qui leur paraît le plus disposé à jouer dans leur jeu les éléments nécessaires du succès. C'est le rôle qu'ils ont joué vis-à-vis de Salnave contre Geffrard d'abord, contre la Révolution ensuite; c'est le rôle qu'on les soupçonne de jouer en ce moment vis-à-vis des Salnavistes contre le gouvernement actuel du pays. Ils nous aident à nous entre-déchirer pour mieux nous affaiblir et assurer leur triomphe le jour où ils se démasqueront complétement.

Le travail d'absorption leur présentant plus de difficultés dans la partie française d'Haïti, les Américains, sans désespérer de nous incorporer tôt ou tard à leur Union étoilée, ont tenté la faiblesse du gouvernement qui dirige les destinées de la partie espagnole de l'île, et, par des moyens que nous nous abstenons de qualifier, viennent d'obtenir du gouvernement dominicain des droits et des priviléges politiques qui sont de nature à nous inquiéter et à nous donner de légitimes appréhensions pour notre autonomie. Les Américains recueillent maintenant dans la partie de l'Est le fruit des intrigues qu'ils ont ourdies avec patience depuis plusieurs années. Ils ont su attendre, et en politique savoir attendre est une vertu. Aujourd'hui, ils nouent les mêmes intrigues dans notre partie française, se promettant d'attendre, avec la même patience, le moment opportun pour se présenter à nous, ainsi qu'ils l'ont fait dans la Dominicanie, comme des libérateurs, pour nous soulager de la lassitude des dissensions intestines qu'ils auront machiavéliquement entretenues. Déjà, hélas ! nous avons eu la douleur d'entendre des enfants d'Haïti dire dans des moments de désespoir : « Au lieu de nous déchirer entre nous comme nous le faisons depuis plusieurs années, que ne donnons-nous le pays aux Américains ! » Les Américains commencent donc à recueillir le fruit de leur politique en Haïti : diviser pour régner, c'est-à-dire pour prendre. Bonne prise, ma foi ! car de l'aveu même des Américains, la population de couleur du continent des Etats-Unis les gêne, surtout depuis l'émancipation. Ils seraient trop heureux de se rendre maîtres d'Haïti pour y transplanter ces millions de nègres et de mulâtres dont ils ont peur pour l'avenir.

Ce serait pour eux double profit, comme débarras et comme moyen de colonisation.

Pour combattre leur politique, il nous faudrait être unis ; mais c'est beaucoup demander au tempérament haïtien. Le seul moyen qui nous reste, au point où le danger est arrivé, c'est d'opposer aux intérêts annexionnistes des Américains d'autres intérêts s'appuyant sur la non-annexion. Que nous intéressions à nos destinées, par le droit de propriété, le Français, l'Anglais, l'Allemand, dont les sympathies et les intentions nous sont connues, nous aurons par là un contre-poids à l'influence de l'Américain qui sera obligé de circonscrire son droit de propriété en Haïti à des conditions d'exercice ne froissant pas celui des autres étrangers. Les gouvernements qui ont reconnu notre indépendance, et qui, par intérêt pour les avantages de commerce à assurer à leurs nationaux, aimeront toujours mieux avoir affaire à une autorité indigène qu'à une autorité américaine condamnée à être égoïste, ne demanderaient pas mieux que de neutraliser Haïti et la prendre sous leur sauvegarde. On pourrait, on devrait même imposer comme condition aux puissances qui voudraient profiter de ce droit de propriété pour leurs nationaux, qu'elles garantissent solidairement la neutralisation du sol d'Haïti. Si les Américains acceptent cette condition, nous aurons pour nous défendre contre eux leur propre acquiescement : s'ils ne veulent pas acquérir le droit de propriété en Haïti moyennant ce prix, nous aurons à opposer à leurs desseins annexionnistes la parole et l'engagement des autres puissances amies.

IV

Après avoir passé en revue et combattu les différents arguments invoqués, ou pour mieux dire exploités pour le maintien de l'article 7, qu'il nous soit permis d'aller au fond des choses et de chercher le mobile secret de ces faiseurs que nous avons dénoncés plus haut et qui cherchent à perpétuer une exclusion dont ils sentent au fond du cœur les défectuosités et l'anachronisme.

Il existe en Haïti une minorité composée (chose triste à dire) d'hommes d'intelligence et de société qui s'est constituée le chef de file de l'idée de l'exclusion. — Cette minorité ne veut pas admettre que l'étranger jouisse en Haïti du droit de propriété, parce qu'elle redoute la concurrence des blancs qu'elle *jalouse* au fond, et parce qu'elle veut avoir, pour l'acquit de son amour-propre, la satisfaction puérile de leur faire sentir qu'elle a sur eux tout au moins une supériorité de *droits*, à défaut d'une supériorité d'intelligence et de fortune. « Les blancs, disent ceux qui composent cette minorité, jouissent déjà en fait d'une grande influence et d'une grande considération en Haïti : si nous leur accordons des droits égaux aux nôtres, l'équilibre sera perdu ; ils monteront plus haut que nous. » — Quoi ! vous sentez le besoin de vous civiliser, et, pour une question d'amour-propre, vous voulez éloigner l'élément de la civilisation ! Que diriez-vous d'un malade qui refuserait obstinément de prendre le remède susceptible de le guérir ?

Et lorsque le malade aime sa maladie,
Qu'il a peine à souffrir que l'on y remédie !

En poésie, dans une question d'amour, cette pensée fait bien ;

mais dans la vie réelle, dans une question qui intéresse l'avenir d'un peuple, elle est funeste.

Votre orgueil se gendarme, votre amour-propre s'offusque à la pensée de donner aux étrangers les mêmes droits que ceux dont vous jouissez ! Vous craignez l'envahissement ; mais que faites-vous donc alors des lois qui garantissent votre autonomie ! Vous n'avez qu'à les opposer comme limites à l'envahissement.... si tant est qu'il se montre... et vous aurez toujours sur les étrangers, une supériorité.... celle d'être maîtres chez vous.

Cette minorité sentant qu'elle a besoin d'un appui pour sauvegarder l'article 7, travaille l'esprit des masses pour les gagner à sa cause : mais comme les masses ne comprendraient rien aux subtilités de l'orgueil et de l'amour-propre, elle leur donne pour raison de la nécessité du maintien de l'article 7 la perspective de l'esclavage, si le droit de propriété était accordé aux blancs. Par un odieux calcul, on arrive à pervertir le sens moral des populations....

V

Haïti est le pays où l'on a depuis longtemps le plus parlé de progrès et de civilisation ; mais jusqu'à présent nous ne prenons pas la route qui y conduit. Nous appelons la civilisation; et nos institutions lui barrent le passage. Cette civilisation, il faut avoir la bonne foi de le déclarer et surtout celle de le reconnaître, ne peut nous venir que du contact avec l'étranger. Deux éléments constituent la civilisation : le bien-être moral et le bien-être matériel. Nous n'acquerrons le bien-être moral que par l'adoption et la mise en pratique des grands principes proclamés et appliqués dans les pays européens, centre de la civilisation universelle.

Jusqu'à présent, nous n'avons pris que le côté superficiel de la civilisation : pour nous en assimiler le côté sérieux, il nous faut avec elle un contact incessant, continuel, permanent; il nous faut nous habituer par un commerce journalier à la pratique des grands points qui constituent l'élément de l'avancement dans l'ordre des choses de l'Idée.

Ce commerce journalier, nous ne pouvons l'avoir qu'imparfaitement si nous devons nous borner à l'aller chercher nous-mêmes au centre de la civilisation. Pour cent Haïtiens qui ont la faculté de venir réchauffer leur intelligence, leurs sentiments, leurs aspirations au foyer des lumières de l'Europe, combien de milliers végètent dans une apathie et une inconscience qui finissent par atrophier le sens moral, par détruire les germes naturels de ces belles facultés que la nature nous a données ! Appelons donc l'étranger chez nous, puisque nous ne pouvons aller à lui; il nous apportera le rayonnement de la civilisation européenne; les milieux dans lesquels nous vivons changeront insensiblement, s'amélioreront; nos idées, devenues plus grandes par la comparaison et par l'assimilation, prendront de l'essor et s'appliqueront, pour le plus grand bien du pays, à des objets d'une portée supérieure.

Le concours de l'étranger ne nous est pas moins indispensable pour assurer notre bien-être matériel. S'il était permis à l'étranger de développer en Haïti même, d'une manière régulière et sûre, les diverses branches de l'activité humaine, combien le pays n'aurait-il pas à s'applaudir d'une innovation qui lui assurerait des conditions d'existence plus faciles et moins coûteuses! Comment veut-on que des capitaux étrangers viennent en Haïti s'appliquer à des manufactures, à des exploitations rurales bien organisées, lorsque les capitalistes n'y trouvent aucune garantie de stabilité et de durée? Voulez-vous qu'ils sèment sans avoir la certitude de récolter, eux ou leurs héritiers? Avec le droit de propriété accordé aux étrangers, nous verrions avant dix ans le pays se couvrir d'usines, de manufactures; nos terres, en grande partie en friche aujourd'hui, se couvriraient comme par enchantement de cultures abondantes. — Certes, les étrangers feraient de belles affaires : c'est la loi et la consolation du travail. Mais ne pensez-vous pas que le pays gagnerait plus encore qu'eux, que l'Etat serait plus riche, le peuple plus heureux, le crédit d'Haïti plus grand à l'extérieur?

Cessez d'invoquer le fantôme de la convoitise de l'Europe! La leçon donnée par nos pères a été trop rude à ceux qui l'ont reçue, pour qu'ils s'exposent à en recevoir une nouvelle. Les temps ont changé, et soixante-dix années ont consacré une vérité, à savoir : qu'Haïti appartient aux Haïtiens. Nous sommes maîtres et seigneurs de notre territoire; c'est à ce titre que nous invitons l'étranger à venir chez nous. En arrivant, il nous trouvera avec nos lois et nos institutions qu'il sera de son devoir de respecter et de notre droit de faire prévaloir.

Au dix-neuvième siècle, dans l'épanouissement de la civilisation universelle, il n'est pas permis à un peuple de s'isoler. La Chine a voulu s'enfermer dans ses murailles : au nom de la civilisation on les a ébréchées. *Caveant consules!* Aujourd'hui la Chine a fini par comprendre qu'il eût mieux valu pour elle faire de bon gré, dès le principe, ce qu'elle a été obligée de faire sous l'action du canon; aujourd'hui elle ouvre toutes grandes ses portes à la civilisation.

Le temps des exclusions et des préjugés est passé. L'empire de Turquie avait longtemps refusé le droit de propriété immobilière aux étrangers : Un rescrit impérial de 1867 les a admis, *en vue de développer la prospérité de la Turquie*, à la jouissance de ce droit, tout en les soumettant aux lois et réglements qui régissent les sujets ottomans. Ce n'était pas assez! Le Sultan lui-même a, dans la même année, donné au monde une grande preuve de son désir de marcher avec la civilisation : rompant en visière aux vieilles traditions de l'Islamisme, le chef des Croyants est sorti de ses Etats (ce que la loi religieuse lui défendait) et s'est rendu à Paris pour visiter l'Exposition Universelle. La Perse, qui ne connaissait de l'Occident que ce que des récits plus ou moins fantastiques lui avaient appris, vient de faire le tour de l'Europe dans la personne de son mystérieux et légendaire souverain, le Shah. Et c'est au moment où les peuples et leurs chefs cimentent entre eux le grand principe de la solidarité des nations, qu'Haïti, nation jeune encore, qui a besoin plus qu'aucune autre de l'appui de ses sœurs aînées, continuerait à rester systématiquement dans un isolement qui n'a plus ni rime ni raison! Ce serait évidemment aller à l'encontre de nos intérêts bien entendus; ce serait même compromettre aux yeux du monde civilisé cette nationalité pour le maintien de laquelle, soi-disant, nous mettons en avant le principe bâtard de l'exclusion. *Caveant consules*! Prenons garde qu'en persistant aveuglément dans ce principe, un souffle de la civilisation ne nous disperse, non pas au nom de telle ou telle puissance, mais au nom d'une puissance plus forte, l'Humanité.

VI

Pour me résumer, j'établis qu'Haïti ne peut que gagner à tous les points de vue en accordant sur son sol le droit de propriété immobilière aux étrangers, tout en conservant son autonomie : la justice, les droits de l'humanité, les droits de la civilisation, notre intérêt bien entendu, tout nous y convie.

En vue de conserver la pensée qui a présidé, dans l'esprit de nos pères, à l'adoption de l'art. 7, je demande que le droit de propriété soit accordé à tous les étrangers, excepté à ceux qui appartiennent à des nations chez lesquelles l'esclavage est encore en vigueur.

Je laisse à l'habileté de nos gouvernants le soin de chercher les moyens les plus propres à modifier dans l'esprit des masses la fausse interprétation de l'art. 7, qui a été machiavéliquement propagée dans leur sein. Qu'ils se pénètrent de l'utilité de la mesure que je propose, et qu'ils prennent *énergiquement* la résolution de l'appliquer. — L'énergie, dans le sens du bien, produit toujours de bons effets ; elle finit par rallier les esprits timorés ou prévenus, parce qu'elle les oblige à réfléchir, et que la réflexion les conduit à se rendre à l'évidence. Je n'en veux pour preuve que la question du retrait du papier-monnaie, qui n'a été résolue en Haïti que par l'inébranlable énergie que nos gouvernants ont déployée pour la faire triompher. S'ils s'étaient laissé intimider ou ébranler par les prophéties sinistres, les criailleries ou les manœuvres des personnes intéressées au maintien du papier-monnaie, le peuple d'Haïti subirait encore à cette heure les funestes effets de la misère et de la ruine. Le gouvernement a lutté courageusement, et il a triomphé pour le plus grand bien de ses administrés, dont il a fait le bonheur, pour ainsi dire, malgré eux-mêmes. Aux masses, dont les meneurs voulaient exciter la défiance, le gouvernement a fait expliquer partout, par ses agents, l'utilité de la mesure dont il poursuivait la réalisation ; les masses ont compris la parole loyale du pouvoir ; elles ont condamné les meneurs, et ce sont elles qui ont retiré le plus de profit du retrait. Que le gouvernement de mon pays agisse de même pour l'abrogation de l'art. 7, et je lui prédis une réussite complète.

Aux meneurs qui, sous l'influence de passions mesquines et étroites, voudraient continuer à contrarier le développement de la civilisation, je fais un appel patriotique! Qu'ils descendent en eux-mêmes, qu'ils méditent sur les maux que leurs manœuvres peuvent occasionner au pays dans un avenir plus ou moins prochain. S'ils écoutent la voix de leur conscience, ils auront bien mérité de la patrie, d'eux-mêmes et du monde civilisé.

Paris, 15 septembre 1873.

www.ingramcontent.com/pod-product-compliance
Ingram Content Group UK Ltd.
Pitfield, Milton Keynes, MK11 3LW, UK
UKHW012129240726
13965UKWH00005B/2064

9 782012 991040